내 나이 예순여섯

문학공원 시선 148

김세환 제3시집

내 나이 예순여섯

책을 펴내며

세 번째 시집
내 나이 예순여섯을 내면서

낚시 없는 낚시를
강물에 드리우고
천하를 낚은 어부도
있었지만

살아온 인생이
어느덧 예순여섯
이 나이 살아오면서
얻은 것도 없고
이룬 것도 없지만

석양이 물들이는
황혼길에서
세 번째 시집
내 나이 예순여섯을 내는
나도
내가
자랑스럽고
장미꽃 한 송이
선물하고 싶다

〈서문〉

푸르디푸른 마음

김순진(문학평론가 · 은평예총 회장)

김세환 시인은 올해 66세시다. 늙었다고 말하기도 어정쩡하고 젊었다고 말하기도 어정쩡한 나이이다. 어떤 일이든 청년들만큼 할 수 있는 힘이 있고, 어찌 보면 어른대접을 받고 싶기도 한 나이이다. 나이는 그런 어른이지만 마음만은 푸르디푸른 마음을 가지고 산다. 그의 언어들은 푸른 초원 위에 돋아는 풀꽃 같이 순수하다.

그는 그냥 끼적거리는 것이 좋아, 시를 쓰고 있으면 행복해서 시를 쓰는 시인이다. 내 텃밭에 감자를 심는다고 누가 뭐라지 않는다. 내 텃밭에 옥수수를 심거나 참외를 놓는다고 누가 뭐라지 않는다. 김세환 시인은 자신의 마음텃밭에 심고 싶은 시의 씨앗을 뿌리고 풀이 나면 나는 대로 풀벌레 울음을 즐기고, 씨알 작은 열매가 맺히면 그것으로 족하는 시인, 말 그대로 옛 선비의 유유자적함을 좋아 시를 쓰는 시인이다. 상을 받고 싶은 영화를 꿈꾸지도 누구에게 칭찬을 받고 싶은 욕심도 없다. 그래서 그의 시밭에는 나비 메뚜기 잠자리 날고

산새들새 지저귀며 물소리 청아한 그늘도 있다.

흔들의자가 놓여지고 그네가 매어진 그의 시밭, 누구나 쉬어갈 수도, 푸성귀를 뜯어갈 수도 있는 그의 시밭, 그렇게 펴낸 것이 벌써 세 번째 시집이다. 그의 시밭에는 이제 제법 많은 사람들이 놀러온다. 자기의 간식을 들고 와 쉬어가는 사람도 있고 그냥 무조건 푸른 초원이 좋아 뛰어다니는 사람들도 있다.

노천명 시인은 "어느 조그만 산골로 들어가 / 나는 이름 없는 여인이 되고 싶소 / 초가 지붕 박넝쿨 올리고 / 삼밭에 오이랑 호박을 놓고 / 들장미로 울타리를 엮어 / 마당엔 하늘을 욕심껏 들여놓고 / 밤이면 실컷 별을 안고 // 부엉이가 우는 밤도 내사 외롭지 않겠소 / 기차가 지나가 버리는 마을 / 놋양푼의 수수엿을 녹여 먹으며 / 내 좋은 사람과 밤이 늦도록 / 여우 나는 산골 얘기를 하면 / 삽살개는 달을 짖고 / 나는 여왕보다 더 행복하겠소"라며 평생 전원생활을 꿈꾸었으나 도시생활로 생을 마감했다.

그러나 김세환 시인은 노천명 시인의 소망처럼 어느 조그만 산골에서 이름 없는 남자로 살며 행복한 삶을 시로 엮어내고 있다. 참으로 부러운 삶이다. 욕심 내지 않고, 시기하지 않고, 자연에 순응하며 사는 삶, 우리는 김세환 시인의 시집을 읽노라면 부처님의 무소유를 실천하는 방법을 깨닫게 된다.

2019년 봄

차례

1부 비움

2부 봄이 오는 햇살 속을

3부 7번 국도

4부 지리산

1부
비움

하얀 세상 하얀 길

하아얀 나라로 가는
이정표인양
하아얀 전봇대가
하얗게 줄지어선
하얀 세상
하얀 길을
하얀 마음으로
걸어간다

하얗고
하얀
하얀 세상
하얀 길을
하얀 마음으로
걸어가면
이쁜 옷 차려입고
모자까지 이쁘게 쓴
멋쟁이 눈사람이
하얀 나라
하얀 이야기를
하아얀 목소리로
들려줄 것만 같은

하얀 나라
하얀 길을
하아얀 마음으로 걸어간다

한 번도 가본 적 없는

어떻게 가는지
어디로 가는지
알 수 없는

한번도
가본 적 없는
길을 간다

민들레 홀씨처럼
다가와
내 사랑이 되어버린

수선화보다 아름답고
장미꽃보다 향기로운
그대의 향기 따라
한 번도
가본적 없는 길을

한 걸음
한 걸음
또
한 걸음

설레는 마음으로 걸어간다

가보는 거야

그리움으로 남아있는
겨울의
하얀 추억은

아지랑이 불꽃으로
날려버리고

붉게
붉게
다가오는
매화꽃 향기 마시며

봄이 오는 남도 길을
가보는거야
꿈꾸는 소녀되어
가보는 거야

그림자로 남아있는
겨울의
하얀 추억은

초록빛 봄 향기로
날려버리고

싱그럽게 불어오는
바닷바람 마시며
봄이 오는 남도 길을
가보는 거야
꿈꾸는 소년 되어
가보는 거야

맑디맑은 손으로
- 두류동 가는 길

개울은
산과 산 사이를

머뭇
머뭇
흘러가고

길은
개울을 친구삼아
한가로이 걸어가네

신선이 산다는
두류동 가는 길

푸르른 산바람에
손도 씻고
마음도 씻고

맑게
맑게
흘러가는

바람을 잡아볼까

꽃잎 되어
흘러가는
구름을 잡아볼까

행복

푸르른 마음으로
바라보면
산도 청청
물도 청청

웃으며
웃으며
또
웃으며

행복한 마음으로
세상을 바라보면
너도 행복
나도 행복
우리 모두 행복일세

비움

비움이 채움이요
채움이 비움이라

채워도
채워도
채울 수 없는

담아도
담아도
담을 수 없는
욕심도 내려놓고
미움도 내려놓고

맑디맑은
손으로

꽃잎 되어 흘러가는
구름을 잡아볼까

향기 되어 흘러가는
바람을 잡아볼까

자이언트 자이언트

안타를 못 때려도
홈런을 못 날려도
승리를 위해
그라운드를 달리는
거인들을 위해
돌아와요 부산항을
노래 부르며
너와 나
우리는
파도를 탄다

네 편도
내 편도
모두가 신나는
이 밤을 위해
세상에 둘도 없는
모자를 쓰고
돌아와요 부산항을
노래 부르며
두 바퀴
세 바퀴
파도를 탄다

인생 · 1

바람 부는 날엔
바람에 취해 살고

햇살 좋은 날엔
햇살에 취해 산다
구름이 흘러가면
흘러가는 대로

구름같이 걸어온
인생도 구름

푸른 산을
태워버릴 듯
붉게 피어 있는
진달래
한 송이 꺾어 들고

석양이 물들이는
금빛노을 길
허허허 웃으며
걸어간다

인생 · 2

쉼 없이 흘러가는
세월의 흐름 속에
영원이란 무엇이며
순간이란 무엇인가

너도 잠깐
나도 잠깐

잠깐
잠깐
머물다 갈

인생은
바람
바람인 것을

새해 새아침 지리산에서

지리산
치밭목산장 앞마당에
그리운 이의 소식인양
비가 내린다

봄마중하듯 내리는
이슬
이슬
이슬비에
푸르름이 돋아나고
봄꽃이 피면
지리산 상상봉에서
백두산 천지까지
삼천리
백두대간을
걸어서
걸어서 가보고 싶다

아지랑이 앞장 세워
가보고 싶다

블루스

감미롭게
흘러내리는
리듬도 좋지만

꽃잎 되어 다가오는
그대의 향기가
더 좋다

가까이
가까이
더
가까이

순간
순간을
행복이라 느끼며

채워도
채워도
채워지지 않는
텅 빈 가슴
텅 빈 마음으로

블루스

블루스
춤을 춘다

멋지게 멋지게

세월이 간다고
세월이 간다고
슬픈 노래는
부르지 마세요

바람처럼 왔다
구름처럼 떠나는 게
인생이라잖소

가버린 어제는
추억이란 이름으로
어제의 기억 속에
고이
고이
묻어두고

새롭게 밝아온
오늘
오늘을
세상에서 제일 멋진
세상에서 제일 아름다운
색으로

멋지게
멋지게
그려보는 거야

내 나이 예순여섯

얻지도 못하고
이루지도 못한 채
어설프게
넘어버린
인생 66

잡아도
잡아도
잡을 수 없이

바람처럼 가버린
세월도

이루지 못해
아쉬운 마음만
남겨둔 채

허허허 웃으며
걸어가는 길

어둠이 내리는
하늘 저 멀리
그리움 되어
그리움 되어
별이 뜬다

나는 모르오

그대의 머리칼을
간지럽히고
그대의 발걸음을
유혹하던
연분홍빛
명지바람이
어디서 왔는지
나는 모르오

그대의 귓볼을
붉게 물들이고
그대 얼굴에
미소꽃 피게 하던
자줏빛
남실바람이
어디서 왔는지
나는 모르오

아지랑이 곱게 핀
오솔길에서
손에 손 잡게 하고
사랑에
입맞춤하게 하던
진홍빛
꽃샘바람이
어디서 왔는지
나는 모르오

한해의 끝에서

끝이
시작인가
시작이
끝인가

하루의 끝에서
또
하루와 만나고

한해의 끝에서
또
한 해와 만나는
해어스름

마음속에 남아있는
욕심도
미움도
흘러가는 바람결에
날려버리고

푸른 하늘을
금빛으로 물들이는
석양

노을 속을
천천히
천천히
걸어간다

2부

봄이 오는 햇살 속을

모란꽃

산들
산들
봄바람이

그대의 머리칼을
간지럽히고
그냥
그대로
흘러가 버려도

벌
나비
본 척 만 척
그냥
그대로
지나가 버려도

붉은 꽃잎 속에
이슬보다 맑은
향기를 숨겨놓고

고웁디
고운
꽃을 피우는
모란이여
모란이여

벌 한 마리
나비 한 마리
찾아오지 않아도
오월의 정원은
네가 있어 아름답고
네가 있어 향기롭다

바람꽃

봄비 내린 아침
이슬 머금고
별빛으로 피어있는
네 모습은
봄을 깨우는
아침의 천사

붉디
붉은
진홍빛
너의 향기는
마셔도
마셔도 좋을
사랑의 향기인가

별빛을 마시며
별빛사랑을 마시며
별빛으로 피어있는

별빛보다 아름답고
별빛보다 향기로운
아침의 천사
바람
바람꽃

매미

흰눈이
흰눈이
꽃잎 되어
내리는 날

손수건을
손수건을
흔들며

내님이
내님이
다가오는
꿈을 꾸며

봉선화 꽃잎으로
손톱을 물들이는
여름날 오후

정자나무 그늘에서
매미가
맴
맴
울음 운다

광안리 바다

광안리 바다에
석양이 지고
오륙도 등대가
불을 밝히면
나는
나는
갈 곳을 잃어버린다

검은바다를
고운 빛으로 물들이는
광안대교 불빛 아래
사랑의 발자국은
모래밭을 채우고

밤을 새워 불어오는
바람의 노래
별들의 노래 속에
광안리의 밤은
별빛으로 깊어간다

오월의 들길

개골
개골
개구리
노래 들으며

푸르디
푸르른
들길을 걸어가면

향기 되어 다가오는
초록빛
봄내음

푸르디
푸르른
봄내음 마시며

푸르른 마음으로
걸어가는
오월의 들길

개구리 울음소리도
푸르디
푸르른
향기 되어
다가온다

이팝꽃

한 걸음
한 걸음
또
한 걸음
설레임으로 다가오는
소망을 안고

한 걸음
한 걸음
또
한 걸음
설레임으로 다가오는
사랑을 안고

멈추어도
멈추어도
멈출 수 없이

그대 가까이
다가가는 길
푸르디
푸르른

오솔길 따라
이팝꽃
고웁게 피어있구나

보리밭

푸르디
푸르른
봄내음 맡으며

푸르게 열린
푸른들 길을
푸르른 마음으로
걸어가면

바다가 되어
푸르디
푸르른
바다가 되어
바람에 춤을 추는
푸른 보리밭

멀리
멀리
저 멀리
종달새는
봄을 노래하고

싱그럽다

싱그러운
풀내음 마시며
푸르름에 손이 잡혀
걸어가는
오월의 들길
풀내음이
향기 되어 다가온다

오월

그대가
잔을 들게나
내가
술을 따르지

오월의 태양 아래
꽃잎이
꽃잎이
푸른 산을
붉게
붉게
물들이는
이 좋은날

흘러가는 바람도
그냥
그대로
흘러 보내고

흘러가는 구름도
그냥
그대로
흘러 보내고

싱그럽디 싱그러운
오월의 푸르름을
이슬에 씻은
꽃잎에 담아
마시고
마시고
마셔 보세나

봄이 오는 햇살 속을

그렇게
흘러왔듯
그렇게
흘러가는
세월의 흐름 속에

어제는
어제로
보내버리고
새롭게 열린
오늘
오늘을

바람이 되어
멈추지 않는
바람이 되어
달려가 보는거야

불꽃처럼 피어있는
진달래꽃
향기 맡으며

봄이 오는 햇살 속을
달려
달려가 보는 거야

양귀비

왕소군도 가고
서시도 가고
초선마저 떠나버린
세월의 강가에서

그리움을
그리움을 노래하는
꽃잎이여
꽃잎이여

세상을
태워버릴 듯
다가오던
진홍빛
너의 향기도

꽃잎 되어 다가오던
고웁디 고운
네 모습도
잡을 수 없는
잡지 못할 님이었나

너도 가고

나도 가고
모두가 떠나버린
어둠속에서
어둠을
어둠을 마시며
비파는
이 밤도
울고 있구나

향기로운 꽃

향기로운 꽃하면
백리향
천리향
만리향도 있지만

세상에서
제일 아름답고
세상에서
제일 향기로운 꽃은

백리향
천리향
만리향도 아닌

맑디
맑은 향기로
내 마음까지
맑게
맑게 물들이는

사랑
사랑
내 사랑
바로 당신이구려

달맞이꽃

하늘가득 피어있는
구름꽃도
그냥
그대로
흘러보내고

수평선을
붉게
붉게 물들이는

석양노을도
그냥
그대로
흘러보내고

달빛을
달빛 사랑을 기다리며
달빛아래
달빛으로 피어있는
달맞이
달맞이꽃이여
아름답다

향기롭다
말하지 않아도
달빛아래
달빛 머금고
달빛으로 피어있는
네 모습은
이 세상
그 어느 꽃보다 아름답고
이 세상
그 어느 꽃보다 향기롭다

들꽃

강 언덕을
하아얀
꽃잎으로 채색하고

바람이 불어오면
바람 되어 노래하고
구름이 흘러가면
구름 되어 춤을 추는
꽃잎
꽃잎

이름 없는 들에서
이름 없는 꽃잎으로
스러져 갈지라도

방긋
방긋
웃음 웃으며

꽃잎은

햇살을

햇살을 담는다

천국나라 운동회

햇살 좋은 봄날
천국나라
초등학교 운동회

희야는
순아가
1등 하기 바라며
천천히 달리고

순아는
미야가
1등하기 바라며
더
천천히 달리고

미야는
연아가
1등 하기 바라며
더
더
천천히 달리고

1등도 없고
2등도 없는
천국나라 운동회는
모두가 1등
1등이구나

해운대

바다가 되어
푸르디
푸르른
바다가 되어

모래밭의
모래알보다 많은
바다이야기
사랑이야기
만들어내던

청춘도
청춘의 발자국도
머물지 못하는
바람
바람이었나

너도 가고
나도 가고
가로등 불빛만
모래밭을 지키는
차가운 이 밤도

그리움은 물결 되어
모래밭을 훔친다

3부

7번 국도

향일암

붉디
붉은 동백꽃이
수줍게 웃고 있는
향일암의 아침

시원하게 불어오는
바닷바람에
손도 씻고
마음도 씻고

대문 없는 대문 앞에
욕심도 내려놓고
번뇌도 내려놓고

하늘을 담은
옹달샘을 마시면

하늘도 청청
바다도 청청
내 마음도 청청

서산 마애삼존불 미소

바람이 불어오면
바람 되어 미소 짓고
구름이 흘러가면
구름 되어 미소 짓는

부처가 미소인가
미소가 부처인가

세상에 둘도 없는
세상에 하나뿐인
세상을 다 담고 싶은
세상을 다 담아도 좋을
부처님 미소 앞에
미움도 내려놓고
번뇌도 내려놓고

푸르른 마음으로
걸어가는 길
스쳐 흘러가는
바람결이
부처님 미소인양
맑고
맑구나

부처

비우고 비운
맑디
맑은
마음속에

부처님 말씀을
고이
고이
담아도
향일암
산문을 넘어
세상 속으로
나오는 순간
다 잊어버렸다

비움이 무엇인지
채움이 무엇인지
깨닫지 못하고
행하지 못해도

마음속에
부처님을 품었다면
너도 부처
나도 부처
우리 모두 부처일세

마이산에서

비우고
비우고
세상을 비워내고

달빛으로 쌓아올린
탑 속에는
잡지 못해 보내버린
사랑이 있고

바람따라 가버린
세월이 있네

석양
노을이
서쪽하늘을
붉게
붉게
물들이며
어둠이 짙어지면

어둠속
별이 되어 다가오는
슬프고도 슬픈

탑사이야기
들어볼까

백련사 가는 길

햇살은 물감 되어
그림을 그리고

햇살이 그리는
고웁디
고운
그림 속으로
한 걸음
한 걸음 걸어간다

푸르디
푸르른
산내음 마시며
한 마리 사슴 되어
걸어가는 길

꽃잎 되어 흩날리는
붉은 낙엽은
꽃잎보다 아름답게
사랑하며 살라는
선녀가 던지는
사랑의 엽서인가

붉게
붉게
꽃잎보다 붉게 물든
단풍잎이
내 마음까지
붉게
붉게
물들이는
백련사 산길을
한 마리 사슴 되어
걸어간다

강천산 강천사

오는 사람
가는 사람
많고
많건만

아흔 아홉 사람은
그냥
그대로
지나가 버리고
찾는 사람 많지 않은
자그마한 절집

울도
담도
없는 집에

동자는
비를 들고
하늘만 바라보네

단풍잎
개울 되어
흘러
흘러가고

붉은 산은
폭포 되어
가을을 울음 운다

대흥사

선녀와 나무꾼은
만나지 못해도
선녀와 나무꾼이
지금도
살고 있을 것만 같은

오래된
오래된 숲속에
선녀와 나무꾼
이야기만큼이나
오래된
대흥사
대흥사가 있구나

푸르름 속에서
푸르름으로 다가오는

부도
부도비
천년의 이야기는
천년의 향기로
우리네 마음까지

맑게
맑게
씻어주고
대웅보전
세분
부처님은
우리네 번뇌를
미소로 씻어주네

봉정암

가도
가도
끝없는 산길

고웁게
고웁게
단풍이 물들이는 산길

걷고
걷고

오르고
오르고
또
오른다

흘러가는 구름도
꽃잎 되어 다가오고
흘러가는 바람결도
향기 되어 다가오는

세상에서 제일 멋진
세상에서 제일 아름다운
설악산 품속에

세상에서 제일 멋진
세상에서 제일 아름다운
절집
봉정암
봉정암이있구나

운주사

천불
천탑에
이야기가 있느냐고
묻지 않아도

요술나라 공주님이
요술봉으로
요술을 부리듯
그려낸

천불
천탑
천년의 이야기는
수수
담담
멋있고
멋있다

천불
천탑에
향기가 있느냐고
묻지 않아도

어둠이 짙어지면
별이 되어 속삭이고
햇살이 다가오면
해맑게 웃음 웃는
천불
천탑
천년의 향기는

이 세상
그 어느 이야기보다
아름답고
향기롭다

백련사 산길 참 좋다

백련사 산길
참 좋다

걸음
걸음
걸을 때마다

산내음은
향기 되어 다가오고

끊어질듯
이어지는
산새들 노랫소리

흘러가는 구름마저
금빛으로 물들이는
해어름

푸르디
푸르른
산내음 마시며
석양따라 걸어가는

백련사 산길

산내음 마저
향기 되어 다가온다

불일폭포에서

하늘 끝에서
떨어져 내리는
불일폭포 물보라에
손도 씻고
마음도 씻고

맑디
맑은 손으로
싱그럽게 흘러가는
바람을 잡아볼까

하늘 끝에서
흘러내리는
불일폭포 물소리를
선녀들이 들려주는
사랑노래로 들으며
꽃잎 되어 흘러가는
구름 한 송이 잡아볼까

검은 밤
폭포 위로
하얗게
하얗게
은하수가 흘러가면
빗금을 그으며
떨어져 내리는
밤하늘의 보석
별똥별을 잡아볼까

무지개

한 걸음 다가가면
한 걸음 물러서고
또
한 걸음다가가면
또
한 걸음 물러나는

일곱 빛 무지개는
요정들이 흘리는
유혹의 향기인가

소나기 지나간
맑은 하늘에
꽃잎으로 피어있는
무지개를 따라가면
요정들이 사는
하늘나라까지
갈 수 있을까

사람과 사람을
이어주고
사랑과 사랑을
이어줄 것만 같은

일곱 빛 무지개에
소원 하나 빌어볼까

7번 국도

바다가 비켜서면
푸른 숲이 다가오고
푸른 숲이 비켜서면
푸르디
푸르른
바다가 다가오는

산빛도
물빛도
하늘빛도
세상에서 제일 아름다운
세상에서 제일 멋진
동해안
7번 국도를 간다

끝없이
끝없이
이어질 것만 같은
푸르디
푸른

산을 넘고
강을 건너

세상 끝
길의 끝까지
달려가도 좋으련만

벽되어 막아서는
철조망 앞에서
나는
나는
울음 운다

완행버스

집으로 가는 길
오늘도
버스를 탄다

반가움에 만나고
아쉬움에 보내는
사람들을 싣고

이 마을에서
저 마을로
돌아
돌아가는
버스 속에는

이 마을에서
저 마을로 이어지는
소식이 있고

저 마을에서
이 마을로 이어지는
안부가 있네

안녕히 가십시오
안녕히 가십시오
인사만 남겨둔 채
해 저문 길에서
버스를 내린다

4부

지리산

금빛 노을 길

가버린 어제는
어제라는 이름으로
어제의 너울 속에
던져버리고

석양이 물들이는
금빛
노을길
석양이 되어
석양따라 같어가면
멀리서 들려오는
두견새 울음소리

슬프디
슬픈
두견새 울음소리
들으며
석양이 물들이는
금빛
노을길
석양이 되어
석양따라 같어간다

섯거라

섯거라
섯거라
게 섯거라

석양도
게 섯거라
노을도
게섯거라

석양도 세워 놓고
노을도 세워 놓고

석양이 물들이는
금빛
노을길
허허허 웃으며
걸어가세나
빈손 꼬옥 쥐고
걸어가세나

똑딱선

끝없이
이어지던
길의 끝에서
바다와 만났다

끝없는
끝없는 바다

하늘도
바다도
흘러가는 바람마저
푸르디
푸르른
바다 저 멀리

노을 속
노을이 되어 달려가는
똑딱선은
어디로 갈까

똑딱선이 전해주는
푸르디
푸르른
바다내음 마시며

내 마음
어느덧
똑딱선을 따라
바다를 달려간다

아름다운 사람

오르고
오르고
또
오른다

세상에 없는
세상을 찾아
하늘 끝까지
오르고
오르고
또
오른다

세상 끝
땅끝에서
보고
보고
또
보아도

세상에서 제일 멋진
세상에서 제일 아름다운 것은

사람이 사는 세상
세상을 사는 사람인 것을

웃음 웃자

노오란 꽃잎으로
강 언덕을 물들이고
햇살이 다가오면

방긋
방긋
웃음 웃는
개나리꽃
꽃잎처럼

웃자
웃자
웃음 웃자

하하하
웃음 웃자
호호호
웃음 웃자

행복한 마음으로

오늘

오늘을

웃음 웃자

징검다리

징검다리를 걷는다
한 발
한 발
한 칸씩
한 칸씩
돌다리를 건너간다

깊지도 않고
넓지도 않은
징검다리 길을

조심
조심
걸어가는
할아버지 등 뒤로

깡총
깡총
뛰면서 건너가는

아이 눈빛은
행복
행복
행복이구나

베사메무초

베사메
베사메 무초

이 아침
이 노래가
부르고 싶다

햇살 머무는 자리마다
아지랑이는
불꽃으로 피어나고

푸르름이
새싹되어
피어나는
이 아침

베사메
베사메 무초
노래 부르며

푸르게 열린
푸르른 길을

푸르른 마음으로
달려가 보고 싶다

솔에게

방긋
방긋
웃는 네 모습

세상의
그 어느 꽃보다
예쁘고
예쁘구나

예쁘고
예쁘고
예쁜 눈으로

아름다운 것만
보고
담아서

웃으며
웃으며
웃음 웃으며

천사처럼 예쁘게

천사처럼 아름답게

사랑하며
사랑하며
세상을 살자꾸나

동양화

채워도 좋으련만
채우지 않고
비워둔 곳

소리내며
떨어지는
폭포가 되고

소리 없이 흘러가는
강물이 되네

푸르디
푸르른
소나무 사이 길

갈듯
말듯
어정거리는
사슴 한 마리

구름 한 점 없이
맑은
하늘아래 서니

있는 듯
없는 듯
나 또한 여백일세

아지랑이 옛길

어쩌면
옛 친구를
만날 것만 같은
그리움에 손이 잡혀
물안개 곱게 핀
옛길을 간다

재가 되어버린
기억에
불을 붙이고
흘러가는 바람결에
길을 물으며
찔레꽃 곱게 핀
옛길을 간다

송아지 풀 먹이던
강언덕
풀피리 불며
뛰어놀던
아지랑이 옛길을
그리움에

그리움에

나 홀로 걸어간다

섬진강

강물은
흘러
흘러간다

푸르디
푸르른
하늘을 담으며

푸르게
푸르게
흘러
흘러간다

굽이
굽이
머나먼
바다끝
하늘끝까지
바람을 친구삼아
구름을 친구삼아

쉼 없이
멈춤 없이

푸르게
푸르게
흘러
흘러간다

진도 바다에서

그곳에 문이 있었네
한 번가면
다시는 올 수 없는

흘러도
흘러도
흘릴 수 없는
눈물로 만든
꽃잎을 밟고

사월의 태양이
이슬을 깨우고
꽃샘바람이
꽃잎을 피우는
이 좋은날

우리들 가슴속에
슬픔만 남겨둔 채
너희들은 꽃잎 되어
가버렸구나

어둠도 없고
슬픔도 없고

사랑이 넘쳐나는
천국의 정원에서
천사가 되어
꽃잎처럼 살아갈
너희들을 생각하며
이 저녁
우리는
눈물을 닦는다

견우와 직녀

울음 운다
울음 운다

다시 만날
반가움에
직녀도 울음 울고

헤어질
아쉬움에
견우도 울음 운다

보아도
보아도
내 사랑이건만

잡아도
잡지 못할
내 사랑이기에

태우며
태우며
가슴을 태우며

눈물이 강물 되어
검은 밤을
흘러
흘러간다

지리산

바람 따라 흘러왔다
바람 따라 흘러가는
구름바다
은빛물결

섬 하나
등대 하나
보이지 않는
구름바다
하늘 길을

바람이 되어
바람따라 걸어가면
친구 되어 다가오는
산새들 노래소리

정답게
정답게 다가오는
산새들
노랫소리 들으며

구름바다
하늘 길을

바람이 되어
바람따라 걸어간다

주왕산

장난꾸러기
꼬마요정이
일곱 색 색연필로
그림을 그리는 곳

푸르디
푸른 산도
붉게
붉게
물들이고

맑디
맑은
개울물도
붉게
붉게 물들이고

흘러가는 바람결도
붉게
붉게 물들이고

주왕산의 가을은
요정들이 그리는
천국의 그림

세상에서 제일 아름답게
세상에서 제일 멋지게 그린
천국의 그림 속에
나도
한 점 점되어 빠져볼까

용두산 공원

어제인양
오늘도
오늘인양
어제도

가버린 세월을
빈 술잔에 마시며

한 계단
한 계단
또
한 계단

만남이 있고
헤어짐이 있는
용두산공원
194계단을
한 계단
한 계단
걸어본다

이 도서의 국립중앙도서관 출판예정도서목록(CIP)은 서지정보유통지원시스템 홈페이지(http://seoji.nl.go.kr)와 국가자료종합목록시스템(http://www.nl.go.kr/kolisnet)에서 이용하실 수 있습니다.

(CIP제어번호 : CIP2019009791)

김세환 제3시집

내 나이 예순에서

초판인쇄일 2019년 3월 13일
초판발행일 2019년 3월 20일

지은이 : 김세환
펴낸곳 : 도서출판 문학공원
펴낸이 : 김순진
편집장 : 전하라
디자인 : 김초롱
등　록 : 2004년 3월 9일 제6-706호
주　소 : (우편번호 03382)서울 은평구 통일로 633
　　　　녹번오피스텔 501호 스토리문학사
전　화 : 02-2234-1666
팩　스 : 02-2236-1666
홈페이지 : http://cafe.daum.net/yob51
이메일 : 4615562@hanmail.net

…………………………………………………………………